Les Minutes Parisiennes

2 Heures

par Gustave Geffroy

Illustrations de A. Lepère

Collection Bertrand et Dété.

Chez l'éditeur

Lepère

Les

Minutes Parisiennes

IL A ÉTÉ TIRÉ

108 exemplaires sur papier de Chine,
et 28 exemplaires sur papier du Japon

Numérotés à la presse.

Collection BELTRAND et DÉTÉ

Les

Minutes Parisiennes

2 HEURES

La Cité et l'Ile Saint-Louis

PAR

GUSTAVE GEFFROY

Illustrations de AUGUSTE LEPÈRE

PARIS
LIBRAIRIE PAUL OLLENDORFF
28 *bis*, RUE DE RICHELIEU, 28 *bis*

1899

L'ILE ST LOUIS

u commencement de cette promenade à travers les deux îles, un beau souvenir se dresse devant nous. Sur le terre-plein de la pointe Est de l'île Saint-Louis, le monument de Barye a été construit. L'endroit a un charme familier et une grandeur de nature. C'est un petit jardin public sans porte et sans grillages, en forme de triangle, fermé sur deux côtés par les parapets des quais, ouvert du troisième côté sur le boulevard Henri IV qui coupe cette extrémité de l'île. Quelques bancs convient l'humble passant au repos sous les arbres trapus, des paulownias qui forment au printemps un berceau ombreux de leurs larges feuilles d'un vert sombre et des grappes violettes de leurs fleurs. La petite boutique habituelle où l'on vend les gâteaux, les sucres d'orge, les pipes rouges, les ballons, les cordes, est installée, et le vieux bonhomme qui l'occupe apparaît un bon dieu détenteur des joies du paradis, aux yeux des bambins pour qui c'est une affaire de posséder ou de ne pas posséder le sou miraculeux qui achète ces délices. Au milieu de la journée, pendant la belle saison, les femmes de l'île quittent les rues étroites et populeuses, viennent chercher la douceur de cette ombre aérée, cousant quelque nippe, surveillant les mioches, bavardant les riens si importants pour elles de leur ménage, de leur marché, et parfois se laissant aller aux confidences de leurs sentiments, de leurs douleurs, de leurs espoirs. Elles sont là comme les femmes de pêcheurs rassemblées au môle et qui attendent leurs hommes partis au large. Ici aussi il y a du large, tout l'océan de Paris qui se creuse et se gonfle et qui semble battre de ses premières lames les quais de granit, puisque l'on entend par intervalles le clapotis de la Seine contre les pontons et sur les berges. Il y a un va-et-vient régulier de voyageurs qui descendent ou montent l'escalier de pierre, s'embarquent au bateau ou débarquent, mais ce n'est pas la foule des matins et des soirs, ni des dimanches. A la minute où je regarde ce tableau, tout est reposé, provincial, paisible.

C'est de ce milieu pacifié qu'émerge l'énergie de Barye. Au-dessus des groupes de petite ville, des arbres de sous-préfecture, une existence d'artiste se dresse, enfin calmée dans la mort, mais toujours hautaine. Les enfants regardent les sucreries, les femmes travaillent et causent, un vieux homme, sur un banc, dort de tout l'éreintement de son passé et de toute l'insouciance de son bref avenir. Et voici que sur toute cette humanité résignée se lève la pensée irréductible d'un solitaire. L'artiste a disparu, son art survit. L'homme est parti, son esprit s'est vraiment fait pierre et bronze, a conquis la durée, s'impose aux êtres passagers qui vaquent à leurs occupations et font séjourner leur ignorance, leur fatigue, leur ennui, autour du monument qui fait des confidences si terribles à ceux qui savent et veulent les entendre.

Ce monument porte à la face principale un médaillon d'Antoine-Louis Barye. Il est accosté de reproductions des figures allégoriques du pavillon Denon, *la Force protégeant le travail*, *l'Ordre protégeant les nations industrielles et savantes*. En avant, le Lion grince et gronde, la griffe levée sur le Serpent. Tout en haut, sur le ciel, le groupe robuste et batailleur de *Thésée combattant le centaure Biénor*. A les bien voir, ces groupes, ces figures racontent la destinée du sculpteur, son combat contre la vie. Son fier esprit, que le temps où il vivait ne voulut pas connaître, rugit et mord par ces animaux de bronze, et le héros qui assène à la brute le coup mortel est, à l'image de son âme combative, victorieuse du sort stupide.

J'aime ce Lion et ce Thésée dans ce vaste et beau paysage, à cette poupe de l'île Saint-Louis, où la Seine se divise, emportant de ses flots pressés les barques, les vapeurs, les gens, les marchandises.

A gauche, sous une rangée d'arbres, c'est, vers l'Arsenal, le paisible quai Henri IV et sa berge où s'agite l'effort incessant des déchargeurs de bateaux. Une estacade, que Ruysdaël aurait aimé à peindre pour ses noirs piliers et ses poutres enchevêtrées, où l'eau ruisselle parmi les filaments de fines algues vertes, brise le courant du fleuve à sa descente dans le lit étroit, dit petit bras de la Seine. Il se crée ainsi un abri sûr où les embarcations sont au repos, comme dans un petit port bien au creux des terres. L'eau est apaisée à quelques mètres des remous et des écumes, et les pêcheurs à la ligne et les flâneurs de rivières peuvent se plaire en ce recoin mouvementé et protégé.

A droite, c'est la coulée de la Seine dans toute sa force et toute son ampleur. L'eau est comme enflée entre ses rives. Le paysage prend une étendue magnifique. Les arbres qui

bordent la Halle aux vins et le Jardin des Plantes ont l'éloignement et le mystère ombreux d'une lisière de forêt. Et il semble que par-dessus les fourrés et les clairières annoncés par cette ligne de bois doivent retentir les cris rauques et les cris plaintifs des bêtes vivantes que Barye sculpta.

'art et la nature à peine quittés, voici, devant nous, l'art et l'histoire, avec l'hôtel Lambert qui s'ouvre rue Saint-Louis-en-l'Ile et qui est flanqué en citadelle par ses murailles, ses jardins, ses hautes constructions, à l'angle du quai d'Anjou. Bâti en 1640, par l'architecte Louis Levau, pour le président Nicolas Lambert de Thorigny, orné extérieurement par Lepautre, décoré intérieurement par Lesueur, Lebrun, et tant d'autres, c'est une des plus belles demeures du XVIIe siècle qui aient subsisté à

Paris. Possédé après la mort du président Lambert par le fermier-général La Haye, par le marquis du Châtelet, par le fermier-général Dupuis, par M. de Montalivet, habité par Voltaire, ayant reçu en 1815 la visite de Napoléon, finalement acquis par les Czartoryski, il pourrait servir à évoquer la société de trois siècles, avec le vaste intervalle de la Révolution.

Ce n'est pas à lui, pourtant, que va ma rêverie de promeneur. C'est, tout près de là, sur le quai d'Anjou, vers la noire façade à hautes fenêtres, à grosses moulures, à balcon de fer, de l'hôtel Lauzun.

Celui-là reste funèbre et hostile

dans le plus bel éclat de

printemps qui puisse rajeunir l'eau, l'air, les arbres.

Sous le soleil, les mille petites vagues de la Seine se dessinent en sourires, les feuilles des peupliers d'Italie frémissent aux branches noires, les corneilles qui logent aux platanes du Pont-Marie jacassent sur le bord de leurs nids comme des commères sur le seuil de leurs portes. Un grand et joli frisson de vie tombe des nuages, monte du sol, le vieux ciel d'hiver a disparu, retrouve la tendre et lumineuse couleur des yeux de l'enfance, il y a quelque chose de soyeux et de délicat dans l'espace. Le vieil hôtel Lauzun n'en est que

plus noir, plus triste, plus rébarbatif. Malgré sa large porte, ses hautes fenêtres, il semble fermé, aveugle à la féerie du monde. Je le regarde souvent, aux heures du jour, aux heures du soir, et comme tant d'autres monuments révolus, son dur visage en deuil, longuement étudié et scruté, m'a paru exprimer, en sa morne réserve, que tout ce qui fut là était mort, à jamais mort, avait droit au repos du grand cimetière de l'histoire.

Le printemps peut reverdir la rive d'en face, ranimer la sève des arbres, rendre le jeune espoir aux regards des passants, — ici il y a une vie abolie qui ne recommencera plus. Les décors de pierre ont leur vie, leur agonie, leur mort, leur sommeil éternel. Ils connaissent un vif moment de passion, un esprit ardent les possède, fait étinceler leurs vitres, puis cet esprit s'amoindrit, court pendant quelques moments encore à travers les pièces et au long des murailles, comme un feu follet sautille sur des ruines, enfin s'évapore, ne laisse que le silence, précurseur de l'oubli.

Cette indifférence morne qui s'installe sur les choses est déjà visible à la façade. Entrons pour savoir si nous retrouverons quelque trace de l'esprit d'autrefois.

La maison a été souvent décrite depuis qu'elle fut habitée par le duc de Lauzun, par le financier Pimodan, par le baron Pichon, son dernier locataire. On a raconté la vie d'artiste qui s'y logea, au temps du peintre Fernand Boissard, ami de Baudelaire, et Théophile Gautier, qui habita aussi le vieux logis, a mis en scène, comme l'on sait, dans la préface des *Fleurs du mal,* la société de lettrés, d'artistes, de modèles, qui tint là ses assises et y donna ses séances de haschich. De même, les collections d'objets, de livres, du baron Pichon, qui trouvèrent ici un bel asile, ont été souvent décrites et célébrées, avant leur dispersion définitive. Mais c'étaient là des destinations après coup, pour utiliser l'immeuble. L'hôtel ne fut pas construit et aménagé pour cela.

Contemplez donc l'entrée spacieuse, la cour régulière, l'escalier de droite, à l'abord facile. Au rez-de-chaussée élevé, admirez le grand salon, ses glaces, ses boiseries et le petit réduit attenant aux murs, qui ont le fané et le fauve d'un vieux cuir gaufré et doré. Continuez la promenade au premier étage, par la vaste salle à manger aux statues de marbre, aux colonnes, avec la fontaine et le bassin qui achèvent

la physionomie du repas au XVIIe siècle. Passez par un nouveau salon, tout en glaces, en bois sculptés et dorés, diminutif de la grande galerie de Versailles, tel qu'un seigneur pouvait le posséder en ce coin de l'île Saint-Louis. Et, enfin, vous êtes au terme du voyage, vous pénétrez dans une vaste chambre à coucher, au parquet entre-croisé de losanges, à la cheminée de marbre rouge, à l'alcôve d'aspect royal élevée comme un trône, — la chambre à coucher de Mlle de Montpensier, la grande Mademoiselle.

Tout contre, une autre chambre, petite, avec une alcôve de dimensions réduites, une chambre de jeune homme, d'officier dont le bagage doit être vite rassemblé, vite emporté, — la chambre de Lauzun.

Entre les deux alcôves, percées de petites portes étroites, véritables fentes, un bout de couloir dans l'épaisseur du mur.

Les existences des deux êtres qui vinrent ici se réunir sont connues, elles font partie de histoire de France. Aussitôt que l'on voit écrit le nom de Mlle de Montpensier, fille de Gaston d'Orléans, nièce de Louis XIII, petite-fille de Henri IV, cousine germaine de Louis XIV, c'est l'héroïne de la Fronde qui apparaît, celle qui fut, selon la remarque de Sainte-Beuve, un mélange de Corneille et de Scudéry, la princesse du sang jouant à l'aventurière, s'en allant par les chemins comme une Clorinde, partant en campagne après le bal et la messe.

Il faut lire, dans ses Mémoires véridiques, où elle confesse hardiment son caractère, où le sentiment naïf de sa supériorité et de son autorité fait qu'elle ne daigne mentir, il faut lire le récit de son entrée dans Orléans par la porte Brûlée, et comment elle est portée en triomphe sur une chaise, et comment elle gouverne la ville contre les prudents qui veulent ménager à la fois Mazarin et M. le Prince. La même véracité loyale vivifie les chapitres où elle raconte la bataille Saint-Antoine, le défilé des blessés, et sa décision de tourner les canons de la Bastille contre l'armée royale, et le lendemain de victoire où c'est elle qui va, à la place de son lâche père et de tous les hésitants, pour essayer d'arrêter les massacres de l'Hôtel de Ville. Elle montre à tout instant qu'elle ne sait rien des misères humaines, mais comment les aurait-elle sues ? Qui l'aurait renseignée à l'âge où elle jouait sérieusement à la petite reine ? C'est déjà beaucoup qu'elle arrive à voir et à décrire comme elle le fait. Elle comprendra plus tard.

Elle comprendra quand il y aura en elle une autre grande Mademoiselle que celle-là popularisée par l'imagerie, dressée aux créneaux de la Bastille, fière et belle de ses vingt-cinq ans, approchant la mèche du canon. C'est une déesse de la guerre, une Bellone en velours et en dentelles, un chapeau à plumes sur la tête, une écharpe à la taille. Elle prétend à tout, ce jour-là. Le sang des Bourbons coule violemment dans ses veines de jeune fille. Elle pense à épouser son cousin

Louis XIV, comme elle pensera à épouser le roi d'Espagne, le prince de Galles, futur Charles II d'Angleterre, l'empereur d'Allemagne, l'archiduc gouverneur des Pays-Bas, car il lui faut un roi, un empereur, un souverain... Elle se réveilla de ce rêve sur le tard, pour devenir Mme Lauzun.

Après avoir écrit des romans, des pastorales, en 1669 — elle a quarante-deux ans, — elle fait la rencontre de Puyguilhem, cadet de Gascogne, capitaine des gardes, doucereux, spirituel, joliment ironique, habile homme de cour, sans préjugés, sans vaine sensibilité, et qui saura devenir le duc de Lauzun.

Saint-Simon le décrit ainsi : « C'était un petit homme blondasse, bien fait dans sa taille, de physionomie haute et d'esprit, mais sans agrément dans le visage ; plein d'ambition, de caprice et de fantaisies ; envieux de tout, jamais content de rien, voulant toujours passer le but; sans lettres, sans aucun ornement dans l'esprit; naturellement chagrin, solitaire, sauvage; fort noble dans toutes ses façons, méchant par nature, encore plus par jalousie; toutefois bon ami quand il le voulait être : ce qui était rare; volontiers ennemi même des indifférents; habile à saisir les défauts, à trouver et à donner des ridicules; moqueur impitoyable; extrêmement et dangereusement brave, heureux courtisan; selon l'occurrence, fier jusqu'à l'insolence et bas jusqu'au valetage; et pour le résumer en trois mots, le plus hardi, le plus adroit et le plus malin des hommes. »

La Fare le ramasse à son tour en cette ligne : « Le plus insolent petit homme qu'on eût vu depuis un siècle. »

C'est dans ces mains que tomba Mlle de Montpensier. Lauzun avait trente-six ans au jour de la rencontre. Il comprit immédiatement et admirablement qu'il allait être poursuivi par l'amoureuse tardive, et que c'était à lui de se faire désirer et prier. Il joua le coquet, feignit de ne pas comprendre, jusqu'au jour où Mademoiselle demanda à Louis XIV l'autorisation de mariage. L'autorisation fut accordée le 15 décembre 1670, retirée trois jours après, et sur quelque imprudence de Lauzun, furieux de la proie échappée, le roi fit arrêter et enfermer le galant. Il resta dix ans à Pignerol, passa quatre ans en exil à Angers.

Pendant ces quatorze années, Mlle de Montpensier attendit l'homme qu'elle avait choisi. A peine fut-il libre qu'elle l'épousa. Elle avait cinquante-six ans. Ils vinrent se réfugier dans le logis de l'île, elle toujours violemment énamourée malgré l'âge, la vie manquée, plus avide même du dernier bonheur arraché à la destinée. Mais lui ! Il a cinquante ans, et il n'est plus l'adroit seigneur expert en tactiques et en politesses :

il se montre tel qu'il est, dur, intéressé, cupide. La belle affaire que cette petite-fille de roi ! Elle a dû donner une partie de sa fortune pour obtenir la grâce de Lauzun. Il lui a fallu céder sa principauté de Dombes, son comté d'Eu, son duché d'Aumale, au duc du Maine, bâtard de Louis XIV, tous biens d'une valeur de vingt-deux millions, que Mlle de Montpensier avait reconnus à Lauzun ! Il reste à celui-ci la vieille femme dans l'hôtel du bord de l'eau : chacun sa chambre avec les alcôves qui communiquent. L'amoureux s'en va retrouver l'amoureuse, au soir, pendant que l'on se moque d'eux à Versailles. Quelles scènes de triste amour ! Et quelles autres scènes succèdent ! Lauzun accable la malheureuse femme de reproches, la rend responsable de tous ses malheurs, de sa captivité, de son exil. Elle s'encolère à son tour, reprend son allure d'autorité. Puis la jalousie entre en son cœur désolé, elle s'emporte, frappe Lauzun, qui bientôt la frappe à son tour. L'habitation retentit de cris, de bruits de portes jetées avec violence, c'est l'enfer des vieilles amours.

Ce Bel-Ami du XVIIe siècle devint donc le maître brutal et persifleur, possesseur rageur du gibier royal qu'il avait guetté si sournoisement, et pris enfin, trop tard. Elle, la grande Mademoiselle, subit ce vainqueur par faiblesse d'amoureuse. Jusqu'au jour, où devant une nombreuse assemblée, Lauzun, perdant toute mesure, ordonna à la petite-fille de Henri IV de lui ôter ses bottes. La princesse redressa la femme sous l'outrage, chassa le goujat, ne le revit plus.

Mlle de Montpensier mourut en 1693, à soixante-six ans. Deux ans plus tard, Lauzun, âgé de soixante-trois ans, épousait Mlle de Durfort, qui avait seize ans. J'ignore si la nouvelle épouse fut amenée dans la

belle chambre et la grande alcôve où Mademoiselle avait connu la cruelle volupté, le chagrin amer, le mal de vivre.

Ces ombres peuvent être évoquées entre ces murailles dorées. On croit saisir leur reflet fugitif aux hautes glaces. Leurs pas s'entendent aux corridors dallés, aux couloirs secrets. Les boutons des portes étaient, hier, saisis par leurs mains. La même eau et les mêmes nuages qu'ils virent passent dans le cadre des fenêtres. Tout leur survit, l'or reluit toujours, les divinités mythologiques se poursuivent encore aux murs qui retentirent de tant de plaintes, de disputes, de pleurs. Ne nous étonnons plus que la façade soit si noire, si triste, si lointaine, même aux jours du printemps revenu.

'ai choisi comme maison-type cet hôtel de Lauzun pour le drame humain qui s'y est joué. Combien d'autres observations de ce genre pourraient être faites si l'on pouvait scruter toutes les vieilles pierres des deux îles : les façades blanches et ensoleillées du quai de Béthune, exposé au midi comme la terrasse de Pau, avec la montagne Sainte-Geneviève comme Pyrénées, les façades ombragées du quai d'Orléans, les façades noires, humides, septentrionales du quai d'Anjou, du quai Bourbon, et toutes

ces portes, et tous ces frontons, et toutes ces cours, et tous ces larges escaliers à rampes de fer, et tous ces grands et hauts appartements à couloirs, à coins et à recoins des rues Saint-Louis-en-l'Ile, Bretonvilliers, Poulletier, Budé, Le Regrattier, Boutarel.

Au milieu de l'île, la rue des Deux-Ponts, qui va du Pont-Marie au pont de la Tournelle, est l'endroit animé, la voie commerçante, quelque chose comme la grand'rue des petites villes de province.

J'y retrouve avec plaisir la rumeur, l'agitation, la liberté du faubourg. Après les maisons d'aspect sévère et les cours verdies par l'herbe et la mousse, cette rue des Deux-Ponts donne l'impression d'un rendez-vous de foule. Le dimanche surtout, à voir les passages, les stationnements des gens, à entendre la rumeur des con-

versations, autour des étalages qui débordent sur la rue, autour des victuailles mises en loterie par un ambulant, on croirait un jour de marché dans quelque bourgade de France.

Ajoutez que nombre des habitants, venus du Limousin ou du Berry, et qui comptent bien un jour s'en retourner vers leurs champs, leurs brandes, leurs châtaigniers, n'ont pas pris l'allure de l'ouvrier parisien, et qu'il y a un je ne sais quoi, par un détail de leur costume, leur veste, leur chapeau, ou par le caractère de leur attitude, qui décèle l'homme de la province et de la campagne. Ils ont une manière, le dimanche, ou le soir, leur journée finie, de stationner immobiles, à l'angle d'une rue, au milieu de la chaussée, ou contre les parapets du Pont-Marie, qui fait invinciblement songer aux placidités paysannes, aux arrêts du laboureur. De loin, à voir ainsi leurs groupes, on croirait à quelque rassemblement de la badauderie parisienne. On s'approche. C'est la tranquillité même, c'est le repos, c'est le dialogue à mi-voix, qui raconte sans doute le pays, qui se souvient et qui espère.

Le soir, en hiver, alors que la nuit tombe tôt, qu'il est à peine quatre heures, cette rue des Deux-Ponts, froide et obscure, qui reçoit seulement un rayon du pâle soleil de midi, prend un aspect intime et fantastique. Les ténèbres sont dans la rue, mais les fonds s'illuminent. La lumière dorée d'un bec de gaz ou d'une lampe éclaire doucement les ombres rousses et grises des boutiques et des arrière-boutiques, et ce sont alors les plus belles apparitions de vie animée ou au repos, des hommes dans toute la carrure et la vigueur de la maturité, des vieillards au masque usé, où l'œil vit d'une expression fine et singulière, des femmes aux mouvements souples et libres dans leurs simples et pauvres vêtements qui ont souvent la beauté des tuniques de la statuaire grecque, les enfants inconscients qui révèlent la nature par chacun de leurs gestes.

A chaque pas, c'est une silhouette nouvelle, le commerçant carrément assis à son comptoir, la femme qui verse la boisson de quelque bouteille ou de quelque cruchon d'un magnifique geste précis, les jeunes hommes qui discutent avec des avancées de visages et des mouvements de mains si éloquents, des fillettes si gentiment appliquées, sur quelque coin de table, à leurs devoirs d'école. Et la couleur, la couleur de tous ces tableaux, les profondes ombres claires, les blouses bleues, les tabliers blancs, les jupes grenat, les cheveux blonds, les sarraus noirs, tout cela doré de lumière ! Et la musique des après-midi, des soirs des dimanches et des lundis, la gaieté, où il y a tant de mélancolie, d'un air de violon, de musette, d'accordéon, de n'importe quoi, qui sort de ces fonds ténébreux et fait s'agiter au rythme un couple qui passe et qui repasse dans la clarté et allonge son ombre double sur le pavé de la chaussée. Je suis surpris, chaque fois que je m'arrête pour contempler l'une de ces scènes, de ne pas me rencontrer avec des peintres

de Paris, les yeux appliqués aux

vitres par lesquelles on aperçoit ces spectacles magiques.

Mais il faut quitter cette île Saint-Louis, si particulière, d'une vie si retirée, si enclose, et si opposée, avec cette population provinciale et ouvrière campée au centre, proche ces anciens hôtels de seigneurs, de magistrats, ces anciens couvents, cette église qui dresse un clocher à jour à la mode de Bretagne. Il faut déserter les admirables quais, les passages de bateaux, la grève du petit bras de la Seine qui s'arrondit devant le quai d'Anjou, près du massif Pont-Marie, cette grève toujours mouvementée des jeux d'enfants, des travaux des déchargeurs, des baignades de chiens et de chevaux. Ceux-ci,

dans l'eau jusqu'au ventre, l'encolure redressée d'une courbe harmonieuse, semblent d'admirables morceaux de sculpture qui, tout à coup s'animent, piaffent et sortent, d'un effort de quatre pieds, parmi les éclaboussures, en chevaux marins qui abordent le rivage. Il faut laisser à la pointe occidentale de l'île, ces bateaux de pommes du Mail dans lesquels j'aimerais vous faire descendre avec moi. Contentez-vous, à l'angle du pont Louis-Philippe, de humer le parfum qu'ils exhalent, l'odeur des vergers et du pressoir, qui évoquera pour vous la campagne verte et grasse de Normandie, les petits arbres en boule pliant sous le faix, la récolte, la carafe de cidre roux bue sous le pommier. Il faut quitter tout cela et nous en aller vers la Cité.

ar le pont Saint-Louis, nous ne pouvons éviter la Morgue. Vous en savez l'histoire ? Les Filles hospitalières de Sainte-Catherine ramassaient et ensevelissaient les cadavres trouvés dans les rues de Paris, jusqu'à quatre cents en une année. Puis, ce fut à la basse geôle du grand Châtelet que l'on mit les corps à pourrir sur la paille, et que les gens prirent l'habitude de venir reconnaître les leurs, à la clarté d'une lanterne. La Morgue est située là sur un plan de 1714. En 1804, elle est transférée dans l'échaudoir de la vieille boucherie du Marché-Neuf. Elle a été reconstruite où elle est actuellement, derrière Notre-Dame, entre les ponts Saint-Louis et de l'Archevêché, en 1864.

J'observe que l'attraction, ici, l'emporte sur l'utilité. Le spectacle de la mort ne doit pas être fui. Il dit à l'homme la vérité. Mais on se demande en vain où est la nécessité d'installer ce spectacle de plain-pied avec la rue, toutes portes ouvertes, pour la satisfaction banale des flâneurs, la curiosité morbide des enfants, des jeunes filles, le but de promenade des étrangers. Il n'est pas de jour où ne s'arrêtent à la porte les voitures des caravanes, et c'est

une des distractions de trop de passantes ouvrières de se précipiter en folles vers la triste exhibi-

tion. A la porte, des marchandes, des éventaires d'oranges, de bonbons, de gâteaux, comme à l'entrée des endroits de fête. Et perpétuellement, l'entrée, la sortie de nouveaux arrivants. Pour voir quels malheureux visages fixés dans la dernière expression de leur misère, de leur effroi, de leur dernière passion, de leur amour, de leur haine, de leur désespoir! Certains ont une beauté rigide et farouche, comme une joie, enfin, de la possession du néant, de l'éternel repos. Ils ont trouvé l'insensibilité, la paix. Pourquoi offrir ces destinées à déchiffrer à ceux qui ne viennent là qu'avec leur indifférence et leur légèreté? Paris est bien grand, et les places ne manquent pas, au milieu de tant de vivants, pour un dernier logis aux morts. Donnez les cadavres à reconnaître en quelque annexe de l'École de Médecine ou de l'Hôtel-Dieu, en quelque endroit solennel et silencieux, et non plus à deux pas du bruit et de la boue de la rue. Rasez la Morgue malgré son caractère de charnier du moyen âge, accolé à l'église comme les cimetières et les ossuaires d'autrefois : elle n'est pas nécessaire à Notre-Dame, si dénaturée déjà par les constructions modernes, par les hautes bâtisses qui l'enserrent.

'admirable cathédrale, restaurée, rapiécée, éreintée, est vraiment une grande chose morte, un gigantesque sépulcre. Elle se dresse encore en beauté sur le fleuve avec ses contreforts et ses béquilles. Tel fragment de ses assises émeut toujours par sa force : on croirait ces pierres issues du sol, et c'est en nous le même sentiment de vénération que devant un arbre de cinq cents ans au milieu d'une clairière. Telle sculpture aussi enivre par sa beauté délicate, le sens de la vie qu'elle

manifeste. Par cela, Notre-Dame restera immuable, avec la même signification dans l'esprit humain, tant que ses pierres seront debout, et alors même que la religion dont elle est représentative sera classée historiquement.

Pour mieux faire comprendre cette survie de l'humanité et de l'art, leur désaccord avec un culte vieilli, pénétrez à l'intérieur, cherchez à voir en action, aujourd'hui, l'idée d'hier

J'ai assisté un jour à une grande cérémonie officielle, un enterrement de personnage fameux, et voici ce que j'ai vu, et comment j'ai conclu.

La résurrection des spectacles disparus avait quelque chose de singuliè-

rement théâtral, artificiel. Il fallait un effort de volonté, une violente rétrogradation dans le passé, pour découvrir dans la mise en scène concordataire un reste d'immuabilité religieuse. Le programme des obsèques avait admis toutes les temporisations. Les choses apparaissaient atténuées et légales, ainsi qu'il convient à une époque de tolérance et de compromis mutuels.

Les portes n'avaient pas été grandes ouvertes à tous, comme aux époques ignorantes des discussions sur le budget des cultes : on craint maintenant les réflexions paisibles de la foule sceptique. La place dé-

blayée, les curieux indifférents maintenus par des escouades de gardiens de la paix, dans le même ordre qu'aux revues et aux feux d'artifice. L'espace traversé, la carte présentée à un huissier, on était admis dans l'une des travées de la nef. Ce fut alors que la cérémonie apparut anachronique, avec les épaves du passé et les formations modernes dans le décor gothique. Des étiquettes indiquaient les hiérarchies, parquaient les corps constitués. Ici devaient prendre place les ministres et les membres du corps diplomatique, là, les sénateurs et les députés, puis l'armée, puis la magistrature, puis les administrations publiques. L'Académie était inscrite entre l'Assistance publique et la Préfecture de la Seine. Après un maréchal de France en grand cordon, après d'anciens ministres, décavés de la politique, après des barons romains, la Science, la Littérature et l'Art firent leur entrée.

Quelques messieurs enguirlandés de palmes vertes, l'épée au côté, le chapeau emplumé à la main, vinrent occuper une des rangées de chaises drapées de noir, bordées de blanc. Les classifications paléontologiques furent alors complétées. Les couches de l'ancienne société s'étageaient lo-

giquement. Il me sembla que plus tard, en ce lieu, on pourrait relever des empreintes de poésie, d'épigraphie, de belles-lettres et de beaux-arts. La Bureaucratie laisserait aussi des vestiges. Et enfin, traversant des siècles, fouillant des périodes, on arriverait au chœur entouré de barrières de fer, éclairé par des lampes mystérieuses. C'est là surtout que résident les apparences des choses réelles d'autrefois, les transvasements de l'idéal vieilli, les ordres indistincts qui participent encore de la vie humaine, mais qui dégénèrent déjà en vagues végétations, les mousses et les plantes parasites qui moisissent au creux des vieilles pierres. Les préséances et

les conventions s'établissent. Les moineries se soudent au clergé. Les robes brunes et grises s'alignent réglementairement avec les robes noires, les aubes blanches, les camails rouges. Une silhouette modeste se profile dans ce grouillement d'étoffes, une longue robe violette surmontée d'un nez, et le regard aigu du cardinal-archevêque. Il est, d'ailleurs, d'autres fins visages dans cette houle de têtes tonsurées et chauves. Des ruses et des volontés apparaissent rapidement dans ce pêle-mêle effacé de crânes pointus et d'effigies de vieilles femmes. Des faces dominatrices se révèlent pendant un instant et se rendorment dans le défilé monotone, dans l'assemblée somnolente. Les violences et les partis pris se taisent. Les raideurs d'attitudes et les immobilités

mystiques tremblotent et s'éloignent dans la nuit du moyen âge, — il ne reste plus qu'une sérieuse réunion de fonctionnaires. La cérémonie est tout administrative. Les flambeaux d'argent, les draps galonnés, les palmes en carton, les flammes vertes, les étalages d'insignes, le catafalque qui sert à la troisième République après avoir servi au second Empire, — portent la marque de la maison Belloir, experte en bals officiels et en pompes funèbres.

Seules, vraiment, les pierres granitiques de Notre-Dame ont gardé leur fierté. Mal affublées de draperies trop courtes, à peine éclairées par les flammes des cierges, les murailles dressent toujours superbement leur tristesse et leur sérénité. Les minces piliers montent en fusées vers le ciel de pierre où se brisent les cantiques. Les verrières des fenêtres et des rosaces nuancent sur les dalles et aux murailles des chapelles d'ineffables tendresses de lumières mourantes. Le jour du dehors expire en reflets roses et verdâtres dans les coins d'ombres grises. Les mélodies liturgiques, les roucoulements aériens et les mélopées basses du XIIe siècle, s'enroulent autour de ces colonnes fleuries, meurent en soupirant contre ces durs plafonds : le sépulcral *Dies iræ*, le *De profundis*, plus terreux encore, battent toujours le plein de leurs sombres vagues d'harmonie... Mais voici que recommence le défilé des hauts dignitaires et la cohue du bas clergé.

e Parvis est désormais tout à fait sinistre. Le mouvement du populaire ne le réjouit plus. Les passants se hâtent de traverser cette immense place où le soleil d'été chauffe le sol à blanc, où les bises d'hiver font rage. Les bâtiments, qui donnent la réplique à la cathédrale, ne sont pas non plus pour exciter à la contemplation, à la rêverie, à la joie. A gauche, l'ancien Hôtel-Dieu, qui est effrayant; à droite, le nouvel Hôtel-Dieu, qui est glacial. En face, la Préfecture de police. Après avoir

parcouru les petites rues des Chantres, des Ursins, Chanoinesse, suivons la Seine. Nous aurons la vision des verdures du boulevard Saint-Michel, du petit bras du fleuve au pittoresque encombrement de bateaux. Avant d'entrer dans le massif du Palais de Justice, dans la ville de la basoche et de la chicane, avant de voir juger la misère et le crime au hasard de la raison et de l'erreur, de la justice pitoyable et de la routine insensible, je m'accoude au parapet, non loin d'une boîte de bouquins, je regarde cette existence adroite et charmante que mène l'homme sur l'eau, les allées et venues rapides dans le canot, les voyages à terre, l'installation de la cabane sur le lourd bateau, les fe-

nêtres minuscules, les caisses de fleurs, le fourneau où cuit le pot-au-feu, le linge qui sèche, la femme active, les enfants joueurs. Demain, on détachera l'amarre et le chaland s'en ira à la suite d'un remorqueur, quittera Paris, retrouvera les campagnes qu'il traversera paresseusement.

Je ne sais si les gens qui vivent ainsi sont contents de leur sort, mais ce sort me paraît prodigieusement supérieur à celui de tant de pauvres hères qui habitent, dans des maisons sordides, les chambres où l'on étouffe en juillet, où l'on gèle en décembre. Ces bateliers ont leurs maux et leurs peines, et l'inclémence des saisons ne les épargne pas non plus. Mais ils connaissent au moins le mouvement, le changement, la liberté. Ils ont devant eux la rivière lumineuse, un grand morceau de terre, et toute la coupole du ciel. Même ceux qui

conduisent les radeaux, debout sur leur assemblage de poutres, de branches, de tonneaux, de lianes, baigné par la vague, ont une attitude d'hommes délivrés et heureux qui fuient, à la dérive de l'élément, la vie sédentaire et réglementée des villes.

Passons devant la maison de Sabra, le dentiste populaire, entrons au Palais de Justice. Le spectacle va changer. Nous assistons, Auguste Lepère et moi, à une audience de correctionnelle, au défilé des pauvres diables devant les juges qui expédient les condamnations et les acquittements, qui distribuent la prison et l'amende avec une régularité, une vitesse, qui nous apparaissent bientôt d'une lamentable horreur. C'est le spectacle qui a été

décrit en une si belle page de pitié

par les Goncourt à la date du dimanche 20 février 1853 de leur *Journal* : « La salle, disent-ils, avait deux fe-

nètres, une horloge, un papier vert. La Justice bourdonnait là dedans. Le banc des prévenus se vidait et se remplissait à chaque minute. Et cela était rapide à épouvanter. Une, deux, trois années de prison tombaient sur des têtes à peine entrevues. La peur venait à voir sortir de la bouche du président la peine, ainsi que le sourcillement d'une fontaine, toujours égal et intarissable et sans arrêt. Interrogatoire, témoignages, défense, cela durait cinq minutes. Le président se penchait à droite et à gauche, les juges faisaient un signe de tète, et le président psalmodiait quelque chose : c'était le jugement. Une larme tombait parfois sur du bois, et cela recommençait. Trois ans de liberté, trois ans de vie ainsi ôtés d'une existence humaine en un tour de Code, le délit pesé en une seconde avec un coup de pouce dans la balance, et l'habitude de ce métier cruel et mécanique de tailler à la grosse, pendant des heures, des parts de cachots. Il faut voir cela pour savoir ce que c'est. »

Nous avons vu cela, et malgré l'in-

térêt que pouvait prendre l'excellent artiste et fin dessinateur à un tel défilé d'expressions, il y avait chez Lepère, comme chez moi, la hâte de sortir, de retrouver l'air du dehors, les passants, les bateaux.

Nous nous attardons, pourtant, à travers les escaliers, les couloirs, les galeries du Palais de Justice, et nous ne partons définitivement qu'après une station dans la salle des Pas-Perdus, qui est vraiment un

endroit caractéristique de la comé-

die humaine moderne, avec sa blancheur froide de murailles, son style de tombeau, et tous ces hommes noirs qui l'animent, passent, repassent, se groupent, se prennent par les épaules pour des confidences, rient comme au théâtre, arborent des airs importants. Les avocats descendent majestueusement des degrés, d'autres sillonnent l'espace, chargés du faix des dossiers, et le grand nom de Daumier s'évoque de lui-même : l'esprit du grand caricaturiste, du grand peintre de mœurs, habite à demeure dans cette salle, flotte sous ces voûtes, s'incarne de force dans ce décor et sous cette figuration. On pense au royaume des chats-fourrés dans ce grand vestibule où Daumier donne la réplique à Rabelais. Et nous voilà dans la cour de la Sainte Cha-

pelle, admirant une fois de plus le fragile reliquaire, la merveille instable, toujours en réparation, pénétrant à l'intérieur, dans la salle revêtue de vitraux, comme de tapisseries translucides. Et c'est enfin la joie de l'air libre, sur le boulevard du Palais, sur le quai aux Fleurs.

uelque temps qu'il fasse, en quelque saison que l'on vive, c'est le jardin et la serre, le pot de fleurs et le bouquet, l'évocation des parterres, des pelouses, des plates-bandes bordées de buis, des corbeilles, des vergers, des espaliers... Venez choisir ici une bourriche de résédas, de pensées, de chrysanthèmes, une touffe de dahlias, un pied de rosier, vous aurez en plus l'agrément d'une promenade parmi les plantes et les arbres, et la sensation d'une population de campagne, devant les

rustiques marchandes coiffées de mouchoirs en « marmottes », et les jardiniers en tabliers bleus que l'on est tout surpris de ne pas trouver taillant, émondant, greffant, parmi les jeunes plants dont ils font au long du quai une pépinière ambulante.

Revenez le dimanche : le spectacle change, c'est le marché aux oiseaux, qui est venu ici de l'enclos Saint-Martin depuis tantôt dix-huit années. Toute la gent volatile et emplumée est présente, depuis le moineau parisien qui cherche sa subsistance entre les pavés, dans le crottin de cheval, et qui est si

fidèle aux distributions régulières de miettes de pain sur le rebord des fenêtres, jusqu'au perroquet rapporté des « îles » sur le poing d'un matelot. Tous les intermédiaires de toutes les contrées s'y trouvent, et s'il y manque le spécimen d'une espèce, réclamez-le à l'un des industriels qui ont ici leurs volières et leurs cages, on vous le procurera pour un prochain dimanche.

Les petits oiseaux de nos champs, de nos lisières de bois, de nos ruisselets, sont au complet : le bouvreuil, la fauvette, le chardonneret, le pinson, le rouge-gorge, le rossignol. Puis, les personnages qui deviennent si facilement les commensaux de l'échoppe, et parfois même les habitués de la cour et du trottoir : le geai et le sansonnet, le merle et le corbeau, et Margot la pie ? Je n'entreprendrai pas le dénombrement des oiseaux exotiques. J'ai nommé le perroquet, et c'est le plus populaire pour son profil comique, son bec recourbé qui pourrait porter des lunettes, son bavardage infatigable, j'allais dire son commérage. C'est Jacquot, un type de comédie, un caractère, comme il y a Pierrot, Arlequin, Guignol, M. Punch, mais il n'est pas le seul recherché : le serin, qui coûte vingt fois moins cher, est l'ami de bien des pauvres chambres, un peu de grâce, de couleur, de musique, de poésie en cage.

Il n'y a pas que des marchands d'oiseaux au marché des oiseaux. On y vend des petits chats et des petits chiens, des écureuils et de

taupes, des rats et des souris, des mulots et des cochons d'Inde. On y vend des grenouilles et des crapauds, des lézards et des salamandres, des couleuvres et des vipères. On achète les vipères pour la dissection, les crapauds pour les jardins, les grenouilles et les salamandres pour les aquariums et les bocaux, les écureuils pour les cages tournantes. Pour les autres, cherchez et définissez la raison des sympathies qui vont à la mignonne souris ou à la froide couleuvre, comme au gracieux petit chat et au petit chien si pataud, si bonasse.

Il faut nous arrêter. Ai-je besoin

de dire que je n'ai pas épuisé le sujet, et que tout ce que renferment la Cité et l'île Saint-Louis pourrait occuper pendant des années, et par un nombre indéterminé de volumes, une société de littérateurs et d'écrivains. Ne prenez ces pages que comme le récit d'une promenade avec quelques arrêts, et partez à votre tour à la découverte, scrutez le passé, observez le présent, rêvez au soleil couchant, mêlez-vous

à la sage et fidèle tribu des pêcheurs à la ligne.

Aussi bien, j'ai commencé ce récit au premier coup de deux heures, et la minute parisienne que j'ai voulu vivre menace de se prolonger jusqu'à la nuit. Tout à l'heure, les vitres vont s'éclairer, les lanternes de couleur des bateaux-mouches vont illuminer le fleuve de leurs reflets. C'est à peine si nous avons le temps d'admirer la forme de forteresse du Pont-Neuf, les mascarons terribles ou grotesques pittoresquement sculptés par Jean Goujon, et que Hugo décrivit par les vers éloquents de cette

pièce de la *Légende des siècles* où

les statues des Bourbons chevau-

chent à travers la ville jusqu'à la place de la Révolution. Ce soir, le Béarnais est immobile sur son cheval de bronze, entre le logis de Mme Roland et le logis du lieutenant Bonaparte. L'Histoire se lève encore dans l'atmosphère du crépuscule et l'imagination du passant évoque toute l'agitation des siècles à ce carrefour du Pont-Neuf. Pour quitter la foule des souvenirs qui viennent ici nous assaillir, il faut descendre l'escalier de pierre, derrière la statue, aborder le jardin au ras de l'eau qui orne d'une si admirable verdure la proue de la

Cité. Là, dans le bruit de l'écluse, dans le mouvement des flots, parmi le passage des bateaux, on a la sensation que l'île suit aussi le courant, s'en va par les méandres de la Seine jusqu'à la mer, emportant avec elle le Palais de Justice, Notre-Dame, l'Hôtel-Dieu, la Morgue, et suivie de près par l'île Saint-Louis.

Nous remontons. La nuit est venue, les lumières scintillent sur la terre et sur l'eau. Je retourne vers la maison du quai où j'habite, et puisque j'ai enfreint

la limite de l'heure et de la minute, il ne me reste plus qu'à vous dire le spectacle de demain matin.

LA LEÇON DE
LA FAUVETTE

Au quai où j'habite, j'entends souvent, à l'aube, une voix qui clame sur le fleuve. Mes pensées qui se rassemblent, dans la confusion du réveil, me font bientôt reconnaître le chant de la sirène. Les premiers jours, je me suis cru transporté, par quelque enchantement, au bord de la mer, proche d'un phare jetant son avertissement dans l'obscurité du brouillard et de la nuit. Il y a encore du songe dans les premiers instants qui suivent le sommeil.

J'évoque donc, malgré moi, le lointain paysage maritime.

Je vois le phare sur une avancée de roches, et au delà la mer opaque confondue avec le ciel, la profondeur et l'horizon supprimés. La brume pèse sur l'eau, interpose son amas cotonneux entre la tour de pierre et les bateaux qui tâtonnent au large, ouate hermétiquement la lanterne aux disques de cristal. La flamme de la lampe devient alors une veilleuse inutile, un lumignon triste et fumeux, qui éclaire à peine le guet du gardien. Mais le phare ne possède pas seulement un œil flamboyant, virant sans cesse, dardant au lointain de la mer sa pénétrante et irrésistible lumière : il possède aussi une voix, il parle, et d'une façon retentissante et effroyable.

La sirène est braquée sur une petite plate-forme tournante, elle crie ses appels, à droite, à gauche, devant elle. Elle a le col allongé d'un canon, sa gueule est évasée comme un tromblon ou le pavillon d'un instrument de musique. De là sort cette épouvantable voix qui crie à la fois une menace et une lamentation. La vapeur qui passe dans ce tuyau de fer hurle avec un accent extrahumain et fait traverser l'espace à un appel prolongé, fort, rauque, désespéré, qui n'a pas d'équivalent, même dans le répertoire immense des vents de tempête. Cette voix dans ce métal ne peut faire songer qu'à une bête monstrueuse d'autrefois, à quelque mastodonte blessé qui se plaindrait avec une voix en fureur, et aussi douloureuse et pleurante, le gémissement d'une énorme brute frappée à mort, qui lève la tête et exhale, sans arrêt, ce qui reste en elle de vie formidable.

Il est impossible, quand on l'a entendu une fois, d'oublier l'avertissement qui remplit l'étendue, donné par cette magnifique machine. Le mécanicien de génie qui l'a inventée, a trouvé, dans sa cervelle exacte, en combinant des mesures, une voix capable de lutter avec la voix de la mer.

C'est un écho de cette voix que j'entendis à l'aube, pendant une minute d'indécision. Puis, peu à peu, le sens de la réalité revenu, je reconnus le grondement accoutumé de Paris, le passage de voitures sur le chemin de la gare prochaine, le premier bruit des outils, l'annonce de la longue journée laborieuse.

Un matin, j'ai entendu et j'ai vu.

J'ai vu un mince bateau noir à bordure blanche, battant l'eau de son hélice, sa cheminée dressée lançant des flots de fumée, passant rapide, descendant le fleuve. A l'avant, en grosses lettres, était écrit ce nom gazouilleur : *la Fauvette*.

Cette Fauvette a ce cri terrible qui se répercute sur l'eau, traverse les volets, fait vibrer les vitres, fouille le fond des chambres, assaille les dormeurs !

La Fauvette est un remorqueur. A sa suite, un, deux, trois lourds bateaux chargés de futailles, de sable, de pierres, descendent la pente de l'eau. La corde qui les relie au fin vapeur est tendue, la traction est visible, bon gré mal gré les énormes chalands doivent suivre la délicate machine qui les entraîne. Celle-ci fend et rebrousse la vague, fraye le

chemin dans un double sillon d'écume, court et bondit dans le flot, semble un oiseau impatient qui tire après lui des baleines.

Tout à coup, au moment de s'engouffrer sous l'arche d'un pont, elle jette son avertissement clair, éclatant, dominateur. Le paysage de maisons endormies, de dômes sévères, de tours sombres, de feuillages immobiles, de nuées grises, est comme illuminé de bruit. Alors que le cri rauque a cessé, l'espace sonore donne encore à entendre de longues vibrations qui vont s'affaiblissant. Les choses retombent à la confuse rumeur matinale. Une lueur rose surgit et se précise du côté du Levant, une légère brume flotte sur les eaux, doucement s'évapore.

La Fauvette passe ainsi tous les

matins. Parfois je ne l'entends pas : en vain elle a crié. Parfois encore je l'entends, et je n'obéis pas à son appel. Parfois aussi j'obéis, car je sais très bien maintenant ce que signifie cette voix brutale et juste :

« Eveille-toi et lève-toi, dormeur. Il y a longtemps que je chevauche les vagues, que je cours, que je bondis, que je jette ma clameur. Me voici au cœur de la ville, et j'ai vu déjà la campagne animée de ses premiers mouvements, les paysans dans la banlieue, les maraîchers allant au pas de leur cheval sur les routes. J'ai vu les faubourgs et le cheminement silencieux des ouvriers, j'ai vu les quais, j'ai donné le signal à ceux qui vont décharger les pierres, le sable, le charbon. Sur mon passage, la vie recommence. J'arrache au sommeil et au rêve tous ceux qui oublient la loi inexorable. Quitte l'atmosphère des songes, éveille-toi, tu n'as pas droit à un sort différent du sort des autres hommes. C'est pour toi qu'ils peinent dans les champs et dans les villes, qu'ils fouillent la terre, qu'ils remuent les moellons. Imite-les en faisant ta part, pense pour eux, écris pour eux, apprends pour eux, aide-les, affranchis-les. Tu n'as pas de temps à perdre, l'univers s'ouvre infini devant toi et tu ne dureras qu'un instant. Allons! lève-toi, ouvre ta fenêtre, viens écouter mon chant furieux, viens me voir danser sur la vague, traîner mes lourds bateaux, savoir de moi comment l'esprit remorque la matière. »

TABLE

L'ILE SAINT-LOUIS

LA CITÉ

LA LEÇON DE LA FAUVETTE

TABLE DES GRAVURES

ÉVREUX, IMPRIMERIE DE CHARLES HÉRISSEY

www.ingramcontent.com/pod-product-compliance
Ingram Content Group UK Ltd.
Pitfield, Milton Keynes, MK11 3LW, UK
UKHW021100260726
13994UKWH00002B/614

9 782329 523200